LANGUAGE PROGRAMMES DEVELOPMENT CENTRE

Hans Wolfgang Wolff

Geschäfts- und Verhandlungssprache Deutsch

Band 10

LANGUAGE PROGRAMMES DEVELOPMENT CENTRE

Hans Wolfgang Wolff

Geschäfts- und Verhandlungssprache Deutsch

Band 10:

Gute Geschäfte im Ausland

MAX HUEBER VERLAG

ÜBERSICHT ÜBER „GESCHÄFTS- UND VERHANDLUNGSSPRACHE DEUTSCH"

Handbuch zum Audio-Kurs (Hueber-Nr. 9680)

Lerneinheit 1: Das Vorstellungsgespräch (Hueber-Nr. 9681)
Tonband (Hueber-Nr. 2.9681), Cassette (Hueber-Nr. 3.9681)
Lerneinheit 2: Ein günstiger Einkauf (Hueber-Nr. 9682)
Tonband (Hueber-Nr. 2.9682), Cassette (Hueber-Nr. 3.9682)
Lerneinheit 3: Die Dienstreise (Hueber-Nr. 9683)
Tonband (Hueber-Nr. 2.9683), Cassette (Hueber-Nr. 3.9683)
Lerneinheit 4: Eine harte Verkaufsverhandlung (Hueber-Nr. 9684)
Tonband (Hueber-Nr. 2.9684), Cassette (Hueber-Nr. 3.9684)
Lerneinheit 5: Versand über die Grenzen (Hueber-Nr. 9685)
Tonband (Hueber-Nr. 2.9685), Cassette (Hueber-Nr. 3.9685)
Lerneinheit 6: Das neue Produkt (Hueber-Nr. 9686)
Tonband (Hueber-Nr. 2.9686), Cassette (Hueber-Nr. 3.9686)
Lerneinheit 7: Ein Fall für den Computer (Hueber-Nr. 9687)
Tonband (Hueber-Nr. 2.9687), Cassette (Hueber-Nr. 3.9687)
Lerneinheit 8: Das erfolgreiche Angebot (Hueber-Nr. 9688)
Tonband (Hueber-Nr. 2.9688), Cassette (Hueber-Nr. 3.9688)
Lerneinheit 9: Ein Finanzierungsproblem (Hueber-Nr. 9689)
Tonband (Hueber-Nr. 2.9689), Cassette (Hueber-Nr. 3.9689)
Lerneinheit 10: Gute Geschäfte im Ausland (Hueber-Nr. 9690)
Tonband (Hueber-Nr. 2.9690), Cassette (Hueber-Nr. 3.9690)

Glossare zu Lerneinheit 1 bis 10 von I. Thier und H. W. Wolff:
Deutsch–Englisch   (Hueber-Nr. 2.9680)
Deutsch–Französisch   (Hueber-Nr. 3.9680)
Deutsch–Spanisch   (Hueber-Nr. 4.9680)

ISBN 3–19–00.9690–2
© 1977 Max Hueber Verlag München
3 2 1   1981 80 79 78 77
Die jeweils letzten Ziffern bezeichnen Zahl und Jahr des Druckes.
Alle Drucke dieser Auflage können nebeneinander benutzt werden.
Schreibsatz: Brigitte Schneider, München
Druck: G. J. Manz AG, Dillingen
Printed in Germany

Vorwort

Das vorliegende Programm gehört zu der Serie „GESCHÄFTS- UND VER-
HANDLUNGSSPRACHE DEUTSCH", die ihrerseits einen Bestandteil der
LPDC-Reihe „Sprachen in Wirtschaft und Technik" bildet. Die Serie wendet
sich besonders an Lernende mit guten Grundkenntnissen, die ihre Hörverste-
hens- und Sprechfähigkeit in praxisnahem Industrie- und Wirtschaftsdeutsch
vervollkommnen wollen.

Ausgangspunkt sämtlicher Programme sind Tonbandaufnahmen realistischer
Dialoge.

Die Serie „GESCHÄFTS- UND VERHANDLUNGSSPRACHE DEUTSCH"
führt zum aktiven Gebrauch des Deutschen im Geschäftsleben. Im Maße des
Fortschreitens in der Serie wird das Hörverständnis der Lernenden so weit ge-
schult, daß sie Fachdiskussionen gut folgen und über deren wichtige Punkte
Auskunft geben können. Der Erreichung dieses Ziels dienen die zahlreichen, an
Geschäfts- und Wirtschaftsthemen orientierten Dialoge und die Audio-Testein-
heiten.

Mit dem gleichen Nachdruck wird die Sprechfähigkeit gefördert. Die Arbeit mit
diesem Kurs versetzt die Lernenden in die Lage, Fachgespräche zu führen und
sich in allen wichtigen Situationen einer Fachdiskussion zu behaupten. Dieses
Ziel wird erreicht durch ständiges und vielfach variiertes Üben im dialogischen
Sprechen und Anwenden stereotyper Satzmuster, wobei für die Übungen aus-
schließlich Wortschatz und Strukturen Verwendung finden, die in den Dialogen
vorgegeben sind.

Dialoge und Übungen der Serie sind sprachliche Aktion und Reaktion, die in
Frage und Antwort, Aussage und Stellungnahme, Behauptung und Widerspruch
zum Ausdruck kommen.

Zwar haben Hören und Sprechen klaren Vorrang, doch werden in jeder Lerneinheit auch die Fähigkeiten des Lesens und Schreibens gefördert.

„GESCHÄFTS- UND VERHANDLUNGSSPRACHE DEUTSCH" bietet den
Lernstoff in wohlabgewogenen, abwechslungsreichen Lernschritten, die sich etwa zu gleichen Teilen auf das Buch und das Tonband als Medien verteilen.

Der gesamte Audio-Kurs besteht aus zehn Lerneinheiten. Im Klassenunterricht
bietet er bei zwei Übungsstunden pro Woche (und täglich etwa 15 Minuten
„Training") Stoff für etwa ein Unterrichtsjahr. Der Kurs ist hervorragend geeig-
net für den Klassenunterricht im Sprachlabor und in Klassen, die über wenigstens

ein Tonbandgerät verfügen. Andererseits machen die präzisen Lernanweisungen, die ein- und zweisprachigen Glossare sowie das umfangreiche Tonbandmaterial diese Serie zu einem Unterrichtswerk, das auch lehrerunabhängig mit Hilfe eines Cassetten-Recorders durchgearbeitet werden kann. Der wirtschaftsorientierte Selbstlerner wird es begrüßen, daß dieses Sprachlehrwerk gleichzeitig zahlreiche Sachinformationen aus dem Wirtschafts- und Berufsleben enthält.

Die Entwicklung dieser Programme wäre ohne den Rat und die Hilfe zahlreicher in Industrie und Wirtschaft tätiger Fachleute nicht möglich gewesen.

Der Verfasser dankt insbesondere:

den Herren W. Abt, K. Arras, A. Eisenhardt, G. Frietzsche, Dr. O. Garkisch, G. Homburg, G. Juhnke, H. Klein, H. Koch, W. Kohaut, H. Langanke, Dr. H. Linde, W. Mann, E. D. Menges, K. A. Raspe, P. R. Rutka, F. J. Schmid, H. Sobottka, H. Walther, R. Weinrich, E. Winecker, A. Wugk für ihre Mitarbeit bei der Aufnahme authentischer Dialoge und die Klärung von Sachfragen;
seiner Frau Rita Wolff für unermüdliche Mitarbeit.

Hans W. Wolff

6

Inhaltsverzeichnis

Der schwarze Punkt (●) bedeutet: hier muß der Lernende den Tonträger (Band, Cassette) einsetzen!

Einleitung

Grundlage und Ausgangspunkt des Programms „Gute Geschäfte im Ausland"
sind Situationsdialoge, in denen ein technischer Direktor und ein Prokurist der
Firma Euro-Engineering zu Worte kommen.

Der sachliche Inhalt des Programms läßt sich in folgenden Stichworten kurz
kennzeichnen:

Nur noch für ein halbes Jahr Aufträge — Auf der Suche nach Geschäftsmöglichkeiten im Ausland — Das Projekt in Finnland — Barzahlung oder Kredit? —
Der Terminkalender — Starke Konkurrenz in COMECON-Ländern — Die Kreditversicherungsdeckung — Das Indiengeschäft — Der Behördenweg — Bau- und
Devisengenehmigungen — Akquisition über die Tochtergesellschaft — Kontakte
mit Schwarzafrika — Die Handelsattachés werden eingeschaltet — Aufbau von
Vertretungen.

Investitionen in Südamerika — Schlüsselfertige Anlagen für Brasilien — Der Einfluß der Gesetzgebung auf das Geschäft — Mehr Personal für die Tochtergesellschaft — Der letzte Stand der Technik — Von den Japanern lernen — Die Frage
der Produktqualität — Maßgeschneiderte Anlagen — Intensivierung der Verkaufsanstrengungen — Die langfristige Finanzierung.

Das Ostasiengeschäft — Übersättigter Markt in Taiwan — Das Länderrisiko —
Technische Schwierigkeiten in Singapur — Ein Verkaufsvertrag mit Festpreis —
Steigende Preise und lange Lieferzeiten — Die Firma will in Indonesien Fuß fas-
sen — Industrielle Expansionsmöglichkeiten — Der beste Vertreter — Auf
Kenntnisse und Verbindungen kommt es an — Kontakte über die Botschaft —
Starthilfe von befreundeten Firmen — Information durch die Hausbank — Die
Dienstreise.

Wegweiser durch das Programm

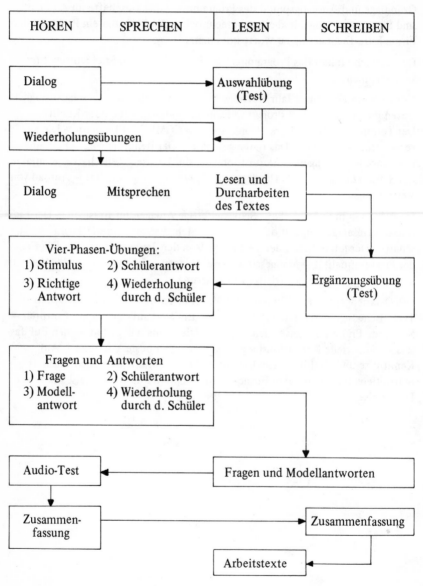

HÖREN	SPRECHEN	LESEN	SCHREIBEN

Dialog → Auswahlübung (Test)

Wiederholungsübungen

Dialog · Mitsprechen · Lesen und Durcharbeiten des Textes

Vier-Phasen-Übungen:
1) Stimulus 2) Schülerantwort
3) Richtige Antwort 4) Wiederholung durch d. Schüler

Ergänzungsübung (Test)

Fragen und Antworten
1) Frage 2) Schülerantwort
3) Modell-antwort 4) Wiederholung durch d. Schüler

Audio-Test

Fragen und Modellantworten

Zusammen-fassung

Zusammenfassung

Arbeitstexte

1 A Dialog (Tonband)

HÖREN Sie sich den Dialog mehrmals an.
Mehrmaliges Anhören steigert den Lernerfolg.
Das Ende des Dialogs Teil 1 wird durch einen Gongschlag gekennzeichnet.
Machen Sie unmittelbar im Anschluß daran die Auswahlübung 1 B und die Wiederholungsübung 1 D.
Lesen Sie den Dialogtext jetzt noch nicht mit, sondern üben Sie Ihr Hörverständnis.

1 B Auswahlübung

LESEN Sie den folgenden Text. Kreuzen Sie diejenige Aussage an, die den im Dialog gegebenen Informationen entspricht. Den Schlüssel zu dieser Übung finden Sie unter 1 C.

1. Das nächste Mal muß ein Kaufmann mit nach Finnland fahren, denn dann werden bei der Firma in Turku
   a) die neuen Geschäfte abgeschlossen
   b) vertragliche Bedingungen zur Sprache kommen
   c) die technischen Einzelheiten der Konkurrenzangebote verglichen

2. Die Finanzierung für Ostgeschäfte ist relativ einfach, denn in den meisten Fällen
   a) ist die Kreditversicherungsdeckung gewährleistet
   b) werden Barzahlungsbedingungen vereinbart
   c) brauchen keine Kreditzusagen gegeben zu werden

3. Es dauert sehr lange, bis in Indien ein Vertrag in Kraft tritt. Das hängt zusammen mit den vielen erforderlichen
   a) Zahlungen
   b) Devisen
   c) Genehmigungen

4. Was das Afrikageschäft in interessanten Gebieten mit hoher Bevölkerungszahl angeht, so denkt Herr Koch an den Aufbau von
   a) Handelsmissionen
   b) Vertretungen
   c) Botschaften

1 C Schlüssel zur Auswahlübung

1. b)   2. a)   3. c)   4. b)

1 D Wiederholungsübung (Tonband)

1. Hören Sie sich den Kurzdialog an.
2. Spulen Sie das Band zurück und wiederholen Sie, was der erste Dialogpartner sagt.
3. Spulen Sie das Band zurück und wiederholen Sie, was der zweite Dialogpartner sagt.

Auf dem Tonband folgt diese Übung dem Dialog 1 A. Schauen Sie bei dieser Übung nicht in Ihr Buch. Imitieren Sie die Aussprache und Intonation der Sprecher(in). Wiederholen Sie diese Übung mehrmals und versuchen Sie dann allein oder zu zweit, diesen Kurzdialog ohne Tonband zu spielen. Schreiben Sie sich als Gedächtnisstütze einige Stichworte auf.

1 E Wiederholungsübung

LESEN Sie diesen Text erst nach der Arbeit mit dem Tonband.

A: Wie ist Ihre Geschäftssituation in Indien?

B: Wenig ermutigend, leider.

A: Aber Sie haben doch letztes Jahr einen großen Vertrag abgeschlossen!

B: Das schon, aber er ist noch nicht in Kraft getreten.

A: Warum dauert das denn so lange?

B: Das hängt mit den behördlichen Genehmigungen zusammen.

A: Hatten Sie nicht schon eine vorläufige Genehmigung?

B: Doch, wir haben sogar die endgültige Genehmigung für den Bau der Anlage.

A: Ja, was fehlt Ihnen denn da noch?

B: Die Devisengenehmigung.

A: Und warum bekommen Sie die nicht?

B: Weil die Devisen fehlen.

A: Das hängt wohl mit der Ölkrise zusammen?

B: Genau. Die Ölkrise macht uns das Leben schwer.

1 F Dialog Tonband und Buch)

HÖREN Sie sich den Dialog 1 A nochmals an. LESEN Sie gleichzeitig den folgenden Dialogtext *stumm* mit. Arbeiten Sie anschließend den Text durch. Dabei hilft Ihnen das einsprachige Glossar im Anschluß an den Dialogtext, auf das die Zahlen vor den zu erklärenden Ausdrücken verweisen. HÖREN Sie sich schließlich den Dialog nochmals an und versuchen Sie, ihn gleichzeitig zu SPRECHEN.

Einführung

Herr Lange ist technischer Direktor, Herr Koch (1) Prokurist in der Abteilung (2) Textiltechnik der Firma Euro-Engineering. In dem folgenden Gespräch geht es ihnen um einen ersten allgemeinen Überblick über ihre Geschäftssituation im Ausland.

Herr Lange: Herr Koch, unser (3) *Auftragsbestand* macht mir etwas Sorge. Wir haben noch für etwa ein halbes Jahr Arbeit, aber dann ...

Herr Koch: Ich glaube, wir müssen uns noch mehr als bisher im Ausland umsehen. Es ist leider so, daß wir aus dem Inland im Augenblick kaum mit weiteren Aufträgen rechnen können. Vielleicht sollten wir einmal in ganz großen Zügen die verschiedenen Märkte durchgehen und uns überlegen, wie wir zu neuen (4) *Geschäftsabschlüssen* kommen können.

Herr Lange: Gut. Fangen wir mit Europa an. Das interessanteste Projekt haben wir zweifellos in Finnland. Herr Müller war vor vier Wochen dort und hat mit den Leuten in Turku gesprochen.

Herr Koch: War das ein rein technisches Gespräch?

Herr Lange: Ja. Es ging nur um einen technischen Vergleich zwischen unseren Angeboten und denen der Konkurrenz.

Herr Koch: Was meinen Sie, Herr Lange: Sollten wir da nicht einmal (5) *nachfassen?*

Herr Lange: (6) *Unbedingt.* Und das nächste Mal muß ein Kaufmann mitfahren, denn jetzt werden bestimmt vertragliche Bedingungen zur Sprache kommen. Ich weiß noch gar nicht, wie die Finnen sich die Bezahlung vorstellen.

Herr Koch:	Das wollte ich Sie gerade fragen! Angeboten haben wir ja zu (7) *Barzahlungsbedingungen* ...
Herr Lange:	Richtig. Aber ich habe Herrn Virtanen von der Finntex schon gesagt, daß wir (8) *gegebenenfalls* auch bereit sind, über Kreditbedingungen zu sprechen.
Herr Koch:	Herr Lange, Sie wissen, daß wir das zunächst innerhalb der Firma abklären müssen und daß wir die Genehmigung des (9) *Vorstands* für Kreditzusagen brauchen.
Herr Lange:	Nun, ich weiß nicht, ob die Einholung einer Vorstandsgenehmigung im (10) *Angebotsstadium* sehr sinnvoll ist. Lassen Sie uns doch zunächst noch eine Besprechung mit den Finnen vereinbaren. Dann sehen wir ja, in welche Richtung ihre Vorstellungen gehen. Es ist ja gar nicht gesagt, daß sie überhaupt einen Kredit haben wollen.
Herr Koch:	Das mag sein. Die Finntex ist relativ groß, und ich weiß, daß sie ihr letztes (11) *Anlagenprojekt* auf Barzahlungsbasis durchgeführt hat.
Herr Lange:	Gut. Wenn es Ihnen recht ist, schreibe ich Herrn Virtanen einen Brief und bitte ihn um einen (12) *Terminvorschlag* für eine Besprechung mit Ihnen und mir.
Herr Koch:	Einverstanden. Ich muß bloß mal in meinen (13) *Terminkalender* schauen ... Moment bitte ... Die erste Woche im Oktober (14) *kann ich* hier *nicht weg* ... aber die zweite oder dritte Oktoberwoche ginge.
Herr Lange:	Das würde bei mir auch ganz gut passen. So, das war also Finnland. Wie sehen Sie unsere Geschäftssituation im Ostblock?
Herr Koch:	Nun, wir haben ja einige Projekte in (15) *COMECON-Ländern,* aber die Konkurrenz ist in letzter Zeit sehr stark geworden, das wissen Sie.
Herr Lange:	Ja, die Japaner machen uns das Leben schwer.
Herr Koch:	Das kann man wohl sagen. Auf der anderen Seite dürfen wir nicht vergessen, daß die Finanzierung für Ostgeschäfte relativ einfach ist. Die (16) *Kreditversicherungsdeckung* ist in den meisten Fällen gewährleistet.

16

Herr Lange:	Gut, aber die Schwierigkeit ist, überhaupt einen Auftrag zu bekommen! Und die langwierigen Verhandlungen! Immer müssen wir in ganzen Gruppen anreisen, weil uns auf der anderen Seite auch immer große Gruppen gegenübersitzen, also ...
Herr Koch:	(17) *Damit müssen wir uns abfinden.* Wir sollten auch nicht übersehen, daß die Oststaaten bekannt sind für ihre (18) *Vertragstreue.* Es ist zwar schwer, einen Auftrag zu bekommen, aber wenn man ihn hat, dann ist die (19) *Abwicklung* relativ einfach ...
Herr Lange:	... wenn man nicht von vornherein ein zu hohes Risiko eingegangen ist! Ich würde vorschlagen, daß wir uns die Ostprojekte in einer gesonderten Besprechung einzeln vornehmen, um zu prüfen, wie wir dort am besten weiterkommen.
Herr Koch:	Das ist mir recht. Im Augenblick geht es uns ja um den großen Überblick.
Herr Lange:	Genau. Sehen Sie Möglichkeiten in Indien?
Herr Koch:	Die Situation ist wenig ermutigend, leider. Unseren letzten Vertrag haben wir vor zwei Jahren abgeschlossen, und er ist immer noch nicht (20) *in Kraft getreten.*
Herr Lange:	Und wir haben schon dreimal die Preise (21) *revidiert,* ja, ich weiß. Warum dauert das nur so lange, wir haben doch früher ganz gute Geschäfte in Indien gemacht!
Herr Koch:	Das hängt mit den Genehmigungen durch die (22) *Behörden* in Indien zusammen. Die Sache ist sehr umständlich. Ein Projekt wird zunächst vorläufig genehmigt. Daraufhin schließt der indische Kunde mit dem ausländischen Lieferanten einen Vertrag. Dann bekommt er von den Behörden die endgültige Genehmigung für den Bau der Anlage. Was ihm aber jetzt noch fehlt, ist die (23) *Devisengenehmigung,* und die ist wiederum davon abhängig, welche Anlagenteile in Indien selbst hergestellt werden können.
Herr Lange:	Und dann kommt vielleicht eine Ölkrise dazwischen, und der Staat hat keine Devisen mehr!
Herr Koch:	Damit müssen wir rechnen, und wir müssen uns darüber im klaren sein, daß wir aus Indien im (24) *laufenden Geschäftsjahr* keine Aufträge erwarten können. Natürlich soll unsere Tochter-

17

gesellschaft trotzdem aktiv sämtlichen Möglichkeiten dort nachgehen.

Herr Lange: Richtig. Wir halten unsere Tochtergesellschaft mit allen Neuerungen auf dem laufenden und setzen die (25) *Akquisition* von der technischen Seite her fort, damit wir unseren (26) *Fuß in der Tür behalten.*

Herr Koch: Ja, mehr können wir im Augenblick nicht tun.

Herr Lange: Wie steht es mit Schwarzafrika? Da haben wir immer noch keine Kontakte und wissen nicht, wie wir an gute Projekte herankommen können.

Herr Koch: Ich bin gerade dabei, einen Plan aufzustellen.

Herr Lange: Ah? Und was haben Sie vor?

Herr Koch: Ich möchte die Handelsattachés verschiedener (27) *Botschaften* in Bonn ansprechen, um so zu erfahren, in welchen schwarzafrikanischen Ländern Möglichkeiten für den Bau von Textilanlagen bestehen.

Herr Lange: Das ist sicher keine schlechte Idee!

Herr Koch: Man muß es versuchen. Die Handelsmissionen können uns in Kontakt mit den Behörden der (28) *jeweiligen* Länder bringen, und dann müßten wir eben eine entsprechende Organisation aufbauen.

Herr Lange: Sie meinen (29) *Vertretungen!*

Herr Koch: Ja, die eine oder andere Vertretung in besonders interessanten Gebieten mit entsprechend hoher Bevölkerungszahl.

(1 Gongschlag)

18

1 G Glossar

1 der Prokurist	leitender Angestellter mit Zeichnungsvollmacht, d. h. mit der Befugnis, für eine Firma rechtsverbindlich zu zeichnen (zu unterschreiben); der Unterschrift des Prokuristen geht die Abkürzung „ppa." (per procura) voraus
2 die Textiltechnik	Verfahren zur Herstellung von Garnen und Stoffen aus natürlichen Fasern (z. B. Wolle) und Kunstfasern (z. B. Nylon)
3 der Auftragsbestand	die bereits in Abwicklung (s. 1 G/19) befindlichen Bestellungen
4 der Geschäftsabschluß	wenn der Kunde dem Anbieter die offizielle Bestellung erteilt bzw. den entsprechenden Vertrag unterschrieben hat, so spricht man von Geschäftsabschluß
5 nachfassen (Geschäftsjargon)	die Bearbeitung einer Sache beschleunigen, aktivieren
6 unbedingt	ja (als emphatische Zustimmung)
7 die Barzahlungsbedingungen	diese Bedingungen beziehen sich auf sogenannte Bargeschäfte, im Gegensatz zu Finanzierungsgeschäften (Kreditgeschäften)
8 gegebenenfalls	eventuell, wenn der Fall eintritt
9 der Vorstand	Führungsspitze einer Aktiengesellschaft (AG) in der Bundesrepublik Deutschland; der Vorstand setzt sich zusammen aus dem Vorsitzenden (oder Sprecher des Vorstandes), dem stellvertretenden Vorsitzenden des Vorstandes (oder dem Generalbevollmächtigten), dem stellvertretenden Sprecher des Vorstandes und mehreren Vorstandsmitgliedern
10 im Angebotsstadium	wenn das Angebot abgegeben wird oder abgegeben worden ist; in der Angebotsphase
11 das Anlagenprojekt	das Vorhaben der Errichtung einer Fabrik
12 der Terminvorschlag	der Satz „Wie wäre es, wenn Sie mich Donnerstag

um 10.00 Uhr in meinem Büro besuchen? " ist ein Terminvorschlag

13 der Terminkalender — Notizbuch mit Einteilung in Tage (eventuell auch Stunden), Wochen und Monate, in dem man zeitlich gebundene Verpflichtungen (Besuche, Besprechungen, Konferenzen etc.) einträgt

14 ich kann hier nicht weg (Umgangssprache) — ich kann nicht von hier weggehen, ich muß hierbleiben, ich bin unabkömmlich

15 die COMECON-Länder — die Ostblockländer, die in dem Rat für gegenseitige Wirtschaftshilfe (Council for Mutual Economic Aid, mit Sitz in Moskau) zusammengeschlossen sind; Ziel des COMECON ist die Verflechtung der Volkswirtschaften des Ostblocks, insbesondere zur Rationalisierung und Optimierung der industriellen Produktion

16 die Kreditversicherungsdeckung — Beispiel: Ein Exporteur gibt einem Käufer einen Kredit; das so entstandene Risiko wird von einer Kreditversicherung gedeckt

17 damit müssen wir uns abfinden — das müssen wir in Kauf nehmen, das müssen wir hinnehmen

18 die Vertragstreue — die genaue Einhaltung der Bestimmungen des Vertrags

19 die Abwicklung eines Auftrags — die Ausführung einer Bestellung

20 der Vertrag ist noch nicht in Kraft getreten — der Vertrag ist noch nicht wirksam geworden

21 wir haben die Preise revidiert — wir haben die Preise geändert (zum Beispiel durch Anwendung einer Preisrevisionsklausel)

22 die Behörden (Singular: die Behörde) — Behörden sind Organe juristischer Personen des öffentlichen Rechts in Staat, Gemeinde und Kirche; der Zoll, die Polizei, das Finanzamt sind Behörden.

23 die Devisengenehmigung — unter Devisen sind hier ausländische Zahlungsmittel zu verstehen; die Einfuhr von Spezialteilen aus der

Bundesrepublik Deutschland, die in D-Mark zahlbar sind, erfordert die Zustimmung staatlicher Stellen

24 das laufende Geschäftsjahr — das jetzige Geschäftsjahr; das Geschäftsjahr ist ein Zeitraum von höchstens 12 Monaten, zu dessen Schluß eine Firma Inventur, Bilanz, sowie Gewinn- und Verlustrechnung aufzustellen hat; oft ist das Geschäftsjahr identisch mit dem Kalenderjahr

25 die Akquisition — die Kundenwerbung

26 den Fuß in der Tür behalten (Umgangssprache) — einen gewissen Kontakt aufrechterhalten, den Kontakt nicht abreißen lassen

27 die Botschaft — hier: die diplomatische Vertretung eines Staates in einem anderen Staat. Die Gesandtschaft hat die gleiche Funktion wie die Botschaft, steht aber im Rang unterhalb der Botschaft, die dann eingesetzt wird, wenn die Beziehungen zum anderen Staat als besonders freundschaftlich betont werden sollen oder wenn Großmachtinteressen im Spiel sind; das Konsulat ist die Vertretung der Staatsbürger des Sendestaates

28 die jeweiligen Länder — die einzelnen Länder

29 die Vertretung — hier: Büro eines oder mehrerer Vertreter; Vertreter sind Personen, die ständig damit betraut sind, für einen anderen Geschäfte zu vermitteln und/oder in dessen Namen abzuschließen; bei selbständiger Tätigkeit sind sie Handelsvertreter, sonst Angestellte

1 H Ergänzungsübung

SCHREIBEN Sie die fehlenden Wörter in die Lücken. Den Schlüssel zu dieser Übung finden Sie unter 1 I.

1. Herr Lange hat dem K . . . . . in Finnland schon gesagt, daß seine Firma ge . . . . falls auch be . . . . ist, ... Kreditbe . . . . zu sprechen.

2. Die Finanzierung für Geschäfte in Ost . . . . . ländern ist relativ einfach, da die Kredit . . . . deckung in den , ... Fällen ge . . . . leistet ist.

3. Den letzten Ver . . . . in Indien hat die Firma vor zwei Jahren . . . . s- sen, aber er ist immer . . . . nicht . . Kraft . . . . . . en.

4. Wenn der Lieferant . . . den Be . . . . . . die end . . . . Genehmigung für den Bau der Anlage . . kommen hat, so fehlt . . . noch die D . . . . . . geneh- migung, und die ist d . . . . abhängig, welche Anlagenteile in Indien . . . . . stellt werden können.

5. Die Tochtergesellschaft soll allen Geschäftsmöglichkeiten . . . . gehen, ob- wohl im l . . . . Geschäftsjahr nicht . . . Auf . . . . . . aus Indien zu . . . . ist.

6. Herr Koch möchte die . . . . attachés verschiedener . . . . ften in Bonn . . sprechen, um so zu er . . . . . . , in . . . . Ländern Möglichkei- ten für den Bau von Textilanlagen . . stehen.

7. Es müssen Ver . . . . in besonders interessanten Ge . . . . . . mit . . . sprechend hoher Bevölkerungszahl . . . . . baut werden.

1. Kunden – gegebenenfalls – bereit – über – Kreditbedingungen
2. Ostblockländern – Kreditversicherungsdeckung – meisten – gewährleistet
3. Vertrag – abgeschlossen – noch – in – getreten
4. von – Behörden – endgültige – bekommen – ihm – Devisengenehmigung – davon – hergestellt
5. nachgeben – laufenden – mit – Aufträgen – rechnen
6. Handelsattachés – Botschaften – ansprechen – erfahren – welchen – bestehen
7. Vertretungen – Gebieten – entsprechend – aufgebaut

2 A Dialog (Tonband)

HÖREN Sie sich den Dialog mehrmals an.
Das Ende des Dialogs Teil 2 wird durch zwei Gongschläge gekennzeichnet.
Machen Sie wieder unmittelbar im Anschluß daran die Auswahlübung 2 B und
die Wiederholungsübung 2 D.

2 B Auswahlübung

LESEN Sie den folgenden Text. Kreuzen Sie diejenige Aussage an, die den im Dialog gegebenen Informationen entspricht. Den Schlüssel zu dieser Übung finden Sie unter 2 C.

1. Die brasilianische Gesetzgebung wird die Firma dazu zwingen,
   a) Anlagenausrüstungen in Brasilien anzufragen
   b) schlüsselfertige Anlagen anzubieten
   c) die Tochtergesellschaft in São Paulo zu verkleinern

2. Herr Koch meint, daß seine Firma gerade in Ländern mit noch nicht voll entwickelter Industrie
   a) den letzten Stand der Technik anbieten sollte
   b) besonders einfache Anlagen anbieten sollte
   c) über die Tochtergesellschaften anbieten sollte

3. Das Produkt der in Brasilien geplanten Anlage muß Weltstandard haben, denn
   a) in Rio und São Paulo sind die Ansprüche hoch
   b) es soll in der ganzen Welt abgesetzt werden
   c) die Verkaufsanstrengungen sollen damit verstärkt werden

4. Die Brasilianer wünschen eine zehnjährige Finanzierung, während deutsche Firmen normalerweise
   a) keine Finanzierung gewähren können
   b) keine Kreditzusagen über 5 Jahre hinaus geben können
   c) eine solche Finanzierung aus steuerlichen Gründen ausschließen

2 C Schlüssel zur Auswahlübung

1. a)   2. b)   3. a)   4. b)

2 D Wiederholungsübung (Tonband)

1. Hören Sie sich den Kurzdialog an.
2. Spulen Sie das Band zurück und wiederholen Sie, was der erste Dialogpartner sagt.
3. Spulen Sie das Band zurück und wiederholen Sie, was der zweite Dialogpartner sagt.

Auf dem Tonband folgt diese Übung dem Dialog 2 A. Schauen Sie bei dieser Übung nicht in Ihr Buch. Imitieren Sie die Aussprache und Intonation der Sprecher(in). Wiederholen Sie diese Übung mehrmals und versuchen Sie dann allein oder zu zweit, diesen Kurzdialog ohne Tonband zu spielen. Schreiben Sie sich als Gedächtnisstütze einige Stichworte auf.

26

2 E Wiederholungsübung

LESEN Sie diesen Text erst nach der Arbeit mit dem Tonband.

A: Wie sehen Sie unsere Geschäftssituation in Brasilien?

B: Gut. Dort sollten wir unsere Verkaufsanstrengungen verstärken.

A: Wie wollen Sie das machen?

B: Durch verstärkten Einsatz unserer Tochtergesellschaft, würde ich sagen.

A: Dann müssen wir die Tochtergesellschaft aber auch personell verstärken!

B: Das halte ich auch für nötig.

A: An wieviel Leute denken Sie?

B: Ich meine, daß ein Spezialist genügen müßte . . .

A: Hoffentlich! Sonst wird die ganze Sache zu teuer.

B: Ich denke gar nicht in erster Linie an eine Neueinstellung . . .

A: Ach, Sie wollen wohl einen Ingenieur von hier nach São Paulo schicken?

B: Ja, für eine gewisse Zeit.

A: Das geht aber nur dann, wenn er uns hier nicht für die Abwicklung anderer Aufträge fehlt!

B: Natürlich. Ich weiß, daß wir hier noch alle Hände voll zu tun haben.

2 F Dialog (Tonband und Buch)

HÖREN Sie sich den Dialog 2 A nochmals an. LESEN Sie gleichzeitig den folgenden Dialogtext *stumm* mit. Arbeiten Sie anschließend den Text durch. Dabei hilft Ihnen das einsprachige Glossar im Anschluß an den Dialogtext, auf das die Zahlen vor den zu erklärenden Ausdrücken verweisen. HÖREN Sie sich schließlich den Dialog nochmals an und versuchen Sie, ihn gleichzeitig zu SPRECHEN.

Herr Lange: Herr Koch, ich würde vorschlagen, daß wir uns jetzt einmal über unsere Möglichkeiten in Südamerika unterhalten.

Herr Koch: Gerne. Insgesamt gesehen ist die wirtschaftliche Situation in den Ländern Südamerikas zur Zeit nicht besonders günstig für Investitionen, wie unsere Anlagen sie erfordern, aber (1) *mit einzelnen Projekten kommen wir sicher zum Zug.*

Herr Lange: Wie zum Beispiel in Peru, wo wir sicher bald den Auftrag für die Erweiterung unserer 1970 gebauten Anlage bekommen. Aber am interessantesten erscheint mir Brasilien.

Herr Koch: Mir auch. Dort sollten wir unsere Verkaufsanstrengungen verstärken, und zwar durch vermehrten Einsatz unserer Tochtergesellschaft. Wir müßten so weit kommen, daß wir in Brasilien (2) *schlüsselfertige Anlagen* anbieten können.

Herr Lange: Das würde bedeuten, daß wir auch Ingenieurarbeiten an Ort und Stelle ausführen lassen.

Herr Koch: Ganz gewiß. Die brasilianische Gesetzgebung wird uns auch zwingen, einen großen Teil der Anlagenausrüstung dort (3) *anzufragen* oder von unserer Tochtergesellschaft anfragen zu lassen.

Herr Lange: Wenn wir diesen Weg wählen, Herr Koch, dann müssen wir die Tochtergesellschaft in São Paulo personell verstärken, und zwar durch Fachleute auf dem Gebiet der Textiltechnik.

Herr Koch: Das halte ich auch für nötig, obwohl ich meine, daß ein Spezialist genügen müßte, sonst wird die ganze Sache wieder zu teuer. Sie wissen ja, daß unsere Personalkosten ohnehin immer höher klettern.

28

Herr Lange:	Ich denke auch nicht in erster Linie an (4) *Neueinstellungen.* Vielleicht können wir ein oder zwei unserer Ingenieure aus Frankfurt für eine gewisse Zeit nach São Paulo schicken . . .
Herr Koch:	Wenn sie uns dann nicht in Frankfurt für die Abwicklung anderer Aufträge fehlen! Noch haben wir ja alle Hände voll zu tun, das dürfen wir nicht vergessen. Es wäre etwas anderes, wenn es unseren Technikern gelänge, mit etwas weniger Zeitaufwand zu arbeiten, wenn ihnen einfachere Lösungen einfielen.
Herr Lange:	Ich weiß, daß das eine Ihrer Lieblingsideen ist, Herr Koch.
Herr Koch:	Bitte, ich bin nicht der einzige, der behauptet, daß viele unserer Anlagen zuerst mal „vergoldet" werden, das heißt, daß wir die bestmögliche Anlage und die teuerste Konzeption überhaupt anbieten.
Herr Lange:	Aber Herr Koch, Sie wissen doch, wie es uns im Ausland geht. Je geringer die Möglichkeiten in einem Lande sind, desto eher verlangt der Kunde, daß wir ihm den letzten Stand der Technik mit allen Raffinessen anbieten.
Herr Koch:	Wir müssen von unserer Konkurrenz etwas lernen. Die Erfahrung zeigt, daß zum Beispiel die Japaner fast immer zunächst das Minimum anbieten, das der Kunde braucht, während wir sofort die optimale Lösung suchen. In den Verhandlungen fangen wir dann an, von oben herunterzurechnen, während die Japaner von unten heraufrechnen, was sie natürlich in die günstigere Position bringt.
Herr Lange:	Gut, es mag Kunden geben, die sich durch so eine Verhandlungsführung beeinflussen lassen. Auf der anderen Seite haben wir eigentlich noch nie das angeboten, was man die letzte technische Möglichkeit nennen könnte. Wir bieten doch nie eine Anlage an, die von vornherein mit einem Computer ausgerüstet ist, der die ganze Produktion steuert.
Herr Koch:	Nein, das nicht. Das kann sich natürlich nur eine Großfirma erlauben. Die Anlagen unserer Kunden haben ja eine relativ kleine Produktion und müssen sehr flexibel arbeiten, weil normalerweise verschiedene Märkte zu beliefern sind. Ich bin nach wie vor der Ansicht, daß wir gerade in Ländern mit noch nicht voll entwickelter Industrie einfachere Anlagen anbieten sollten.

29

Herr Lange:	Ich würde mich Ihrer Ansicht anschließen, Herr Koch, wenn die meisten unserer Kunden so dächten wie Sie. Das tun sie aber nicht. Und sie haben zum Teil sogar recht, denn sie müssen ja (5) *letzten Endes* Material produzieren, das dem jetzigen Weltstandard entspricht.
Herr Koch:	Gut, aber ...
Herr Lange:	Schauen Sie, Herr Koch, unser künftiger Kunde in Brasilien kann es sich gar nicht erlauben, eine zweitklassige Anlage irgendwo in den Urwald zu stellen und zu glauben, daß er dort billig produzieren kann. Wenn das Material qualitativ nicht dem entspricht, was in der übrigen Welt geboten wird, wird er es nicht los. An die Indios im Urwald kann er's bestimmt nicht verkaufen.
Herr Koch:	Das ist klar.
Herr Lange:	Also wird er sein Produkt in São Paulo oder in Rio (6) *absetzen* müssen, und dort sind die (7) *Ansprüche* ebenso hoch wie bei uns.
Herr Koch:	Herr Lange, mir geht es ja nicht um zweitklassige Anlagen und zweitklassige Produkte, sondern um erstklassige Produkte aus technisch einfacheren Anlagen.
Herr Lange:	Ich verstehe Sie sehr gut, Herr Koch. Sie möchten einen fertigen Plan für eine Standardanlage aus der Schublade holen können, wenn sich irgendwo in der Welt eine Geschäftsmöglichkeit bietet.
Herr Koch:	Am liebsten wäre es mir, wenn ich dem Kunden sowohl eine Anlage (8) „*von der Stange*" als auch eine (9) „*maßgeschneiderte*" Anlage anbieten könnte.
Herr Lange:	Gut. Darüber haben wir bestimmt nicht zum letztenmal diskutiert. Aber um auf Brasilien zurückzukommen: Was halten Sie davon, wenn wir die geplante Intensivierung unserer Verkaufsanstrengungen zunächst einmal mit Herrn da Silva von unserer Tochtergesellschaft in São Paulo besprechen würden?
Herr Koch:	Das ist eine gute Idee, zumal Herr da Silva nächste Woche sowieso nach Frankfurt kommt. Dann könnten wir mit ihm auch über das Projekt der Brasiltex reden.

Herr Lange:	Genau. Das Projekt ist sehr interessant, und technisch haben wir die Leute dort überzeugt.
Herr Koch:	Das Problem liegt darin, daß die Brasiltex eine zehnjährige Finanzierung wünscht, während wir in Deutschland nach den (10) *Bedingungen der Berner Union* normalerweise nicht über fünf Jahre hinausgehen können.
Herr Lange:	Vielleicht können wir die Brasilianer von der Idee der langfristigen Finanzierung abbringen?
Herr Koch:	Das dürfte sehr, sehr schwierig sein, denn da scheinen (11) *steuerliche Gründe* mit im Spiel zu sein.

(2 Gongschläge)

1 mit einzelnen Projek- sehr wahrscheinlich haben wir bei dem einen oder
   ten kommen wir   anderen Projekt eine Chance
   sicher zum Zuge

2 schlüsselfertige Anla- Angebote machen für die Lieferung aller maschinel-
   gen anbieten   len und sonstigen technischen Einrichtungen einer
                         Fabrik sowie für die Ausführung der Bau- und Mon-
                         tagearbeiten

3 anfragen   eine Anfrage an jemanden richten; eine Anfrage ist
                        die schriftlich oder (selten) mündlich geäußerte
                        Bitte um Übersendung eines Angebots

4 die Neueinstellung   wenn die Firma einen neuen Mann engagiert, so ist
                        das eine Neueinstellung

5 letzten Endes   schließlich, wenn man der Sache auf den Grund
                        geht

6 Produkte absetzen   Erzeugnisse verkaufen

7 die Ansprüche (an das die Leute erwarten viel (von dem Produkt), z. B.
   Produkt) sind hoch   beste Qualität und Haltbarkeit

8 von der Stange   ein im Kaufhaus fertig gekaufter Anzug ist ein An-
                        zug „von der Stange"

9 maßgeschneidert   ein Anzug, den ein Schneider nach den Maßen des
                        Kunden anfertigt, ist ein „maßgeschneiderter" An-
                        zug

10 die Bedingungen der in Bern getroffene Vereinbarung der Exportkredit-
   Berner Union   versicherungen mehrerer Staaten mit dem Ziel einer
                        Harmonisierung ihrer Kreditbedingungen

11 dieser Wunsch hat   steuerliche Erwägungen liegen diesem Wunsch zu-
   steuerliche Gründe   grunde, dieser Wunsch ist das Ergebnis steuerlicher
                        Überlegungen; Steuern sind einmalige oder laufen-
                        de Geldleistungen, die nicht eine Gegenleistung für
                        eine bestimmte Leistung darstellen; sie werden von
                        einem öffentlich rechtlichen Gemeinwesen den
                        Steuerpflichtigen auferlegt

2 H Ergänzungsübung

SCHREIBEN Sie die fehlenden Wörter in die Lücken. Den Schlüssel zu dieser
Übung finden Sie unter 2 I.

1. Die Verkaufsan . . . . in Brasilien sollen . . . . . vermehrten
   . . . satz der dortigen Tochtergesellschaft . . . stärkt werden.

2. Die Qualität muß dem jetz . . . . Weltstandard . . . sprechen, da das Produkt
   normaler . . . . . in südamerikanischen Großstädten . . . . setzt wird, wo die
   . . sprüche . . . . . . hoch sind wie in Europa.

3. Das Problem . . . . . darin, daß diese Firma eine zehn . . . . , das heißt
   eine lang . . . . Finanzierung wünscht, w . . . . . . wir . . . . den Bedingungen der Berner Union kaum über fünf Jahre . . . . . . gehen können.

4. Es wird schwierig sein, den Kunden . . . dieser Finanzierungsidee
   . . . . bringen, denn da scheinen . . . . . . liche G . . . . . mit . . Spiel zu sein.

5. Die Kon . . . . bietet nicht sofort die . . . . mögliche Anlage und die
   teuerste Kon . . . . an, sondern zu . . . . . . das Minimum , das der Kunde b . . . .

6. Die Geschäftssituation wäre günstiger, ... es den Ing . . . .
   ge . . . . . , mit weniger Zeit . . . . zu arbeiten und wenn . . . . . einfachere technische Lösungen ein . . . .

7. Die brasilianische Gesetz . . . . . . wird unsere Firma zwingen, die Ingenieurarbeiten . . Ort und . . . . . . ausführen zu . . . . . . und einen großen Teil
   der Maschinen dort . . . . fragen.

1. Verkaufsanstrengungen – durch – Einsatz – verstärkt
2. jetzigen – entsprechen – normalerweise – abgesetzt – Ansprüche – ebenso
3. liegt – zehnjährige – langfristige – während – nach – hinausgehen
4. von – abzubringen – steuerliche – Gründe – im
5. Konkurrenz – bestmögliche – Konzeption – zunächst – braucht
6. wenn – Ingenieuren – gelänge – Zeitaufwand – ihnen – einfielen
7. Gesetzgebung – an – Stelle – lassen – anzufragen

2 | Schlüssel zur Ergänzungsübung

3 A Dialog (Tonband)

HÖREN Sie sich den Dialog mehrmals an.
Das Ende des Dialogs Teil 3 wird durch 3 Gongschläge gekennzeichnet.
Bitte vor dem Lesen des Dialogtextes unbedingt erst die Auswahl- und Wiederholungsübung durchgehen.

3 B Auswahlübung

LESEN Sie den folgenden Text. Kreuzen Sie diejenige Aussage an, die den im Dialog gegebenen Informationen entspricht. Den Schlüssel zu dieser Übung finden Sie unter 3 C.

1. In den nächsten Jahren wird es wahrscheinlich keine Geschäftsabschlüsse mit Taiwan geben, da
   a) die technischen Möglichkeiten dort zu gering sind
   b) der dortige Markt übersättigt ist
   c) die Konkurrenz dort zu stark ist

2. In Indonesien gibt es zwar schon eine kleine Synthesefaserindustrie, aber
   a) Expansionsmöglichkeiten sind zweifellos vorhanden
   b) die Expansionsmöglichkeiten sind wegen des Länderrisikos sehr gering
   c) die Expansionsmöglichkeiten sind wegen der arbeits- und steuerrechtlichen Probleme sehr gering

3. Der für Jakarta gesuchte Vertreter soll unter anderem gute Verbindungen haben, im Land ansässig sein und
   a) schon mehrere andere deutsche Firmen erfolgreich vertreten
   b) gute Kenntnisse in der Textilindustrie besitzen
   c) für die Beschaffung von Standardteilen selber sorgen

4. Im Zusammenhang mit der Suche nach einem Vertreter wird Herr Koch Informationen aus allen möglichen Quellen sammeln und natürlich auch
   a) mit der Deutsch-Indonesischen Gesellschaft Kontakt aufnehmen
   b) eine Verbindung mit geeigneten Kandidaten aus Japan suchen
   c) mit der Hausbank seiner Firma sprechen

3 C Schlüssel zur Auswahlübung

1. b)   2. a)   3. b)   4. c)

36

3 D Wiederholungsübung (Tonband)

1. Hören Sie sich den Kurzdialog an.
2. Spulen Sie das Band zurück und wiederholen Sie, was der erste Dialogpartner sagt.
3. Spulen Sie das Band zurück und wiederholen Sie, was der zweite Dialogpartner sagt.

Auf dem Tonband folgt diese Übung dem Dialog 3 A. Schauen Sie bei dieser Übung nicht in Ihr Buch. Imitieren Sie die Aussprache und Intonation der Sprecher(in). Wiederholen Sie diese Übung mehrmals und versuchen Sie dann allein oder zu zweit, diesen Kurzdialog ohne Tonband zu spielen. Schreiben Sie sich als Gedächtnisstütze einige Stichworte auf.

3 E Wiederholungsübung

LESEN Sie diesen Text erst nach der Arbeit mit dem Tonband.

A: Welche Kenntnisse braucht der neue Vertreter in Indonesien?

B: Nun, er muß zunächst die Textilindustrie genau kennen.

A: Kann der Mann Ausländer sein?

B: Nein, wir brauchen einen einheimischen Vertreter.

A: Vielleicht sollte es jemand sein, der schon andere deutsche Firmen vertritt — was meinen Sie?

B: Ich finde, der neue Mann sollte sich nur um unser Geschäft kümmern.

A: Wie wollen Sie einen solchen Mann finden?

B: Vielleicht kann uns die indonesische Botschaft in Bonn helfen.

A: Wie wäre es denn mit dem umgekehrten Weg?

B: Sie meinen, wir könnten uns bei der deutschen Handelsmission in Jakarta informieren . . .

A: Ja, und auch bei befreundeten deutschen Firmen in Indonesien.

B: Das können wir probieren.

A: Vielleicht sollten Sie auch einmal mit unserer Hausbank reden.

B: Einverstanden. Jedenfalls werde ich zunächst alle Informationen systematisch sammeln.

A: Genau. Und dann fliegen wir nach Indonesien und suchen den besten Vertreter aus.

3 F Dialog (Tonband und Buch)

HÖREN Sie sich den Dialog 3 A nochmals an. LESEN Sie gleichzeitig den folgenden Dialogtext *stumm* mit. Arbeiten Sie anschließend den Text durch. Dabei hilft Ihnen das einsprachige Glossar im Anschluß an den Dialogtext, auf das die Zahlen vor den zu erklärenden Ausdrücken verweisen. HÖREN Sie sich schließlich den Dialog nochmals an und versuchen Sie, ihn gleichzeitig zu SPRECHEN.

Herr Koch: Ja, Herr Lange, was Ostasien betrifft, so wird Taiwan wahrscheinlich auf Jahre hinaus (1) *als Exportmarkt ausfallen.*

Herr Lange: Das glaube ich auch. Nach den großen Investitionen in letzter Zeit ist der Markt (2) *übersättigt.*

Herr Koch: Außerdem ist unser Engagement in Taiwan mit mittel- und langfristigen Finanzierungen inzwischen so groß geworden, daß uns allein vom (3) *Länderrisiko* her Grenzen gesetzt sind.

Herr Lange: Interessant ist ja, daß unser bester taiwanesischer Kunde an dem Singapur-Projekt beteiligt ist, das wir seit drei Monaten (4) *verfolgen.*

Herr Koch: Ja. Was mich allerdings ärgert, ist, daß ich immer noch nicht herausbekommen habe, wie groß die Beteiligung von Herrn Tungming ist und welchen Einfluß er auf die Auswahl des Lieferanten hat.

Herr Lange: Im Taiwan-Geschäft ist er jedenfalls mit uns als Lieferant zufrieden gewesen. Vielleicht (5) *dringt* er sogar bei seinem neuen Partner in Singapur *darauf,* daß unser Verfahren und unsere Maschinen eingesetzt werden.

Herr Koch: Das wäre zu hoffen.

Herr Lange: In Singapur stoßen wir natürlich wieder auf die Schwierigkeit, daß wir in einem Land eine Anlage bauen wollen, in dem es nur geringe technische Möglichkeiten gibt. Jede Schraube, die Ihnen während der Montage kaputtgeht, muß importiert werden, denn es gibt keine einzige Schraubenfabrik, und es gibt auch keine großen mechanischen Werkstätten.

Herr Koch:	Nun, Herr Lange, für Singapur mußten wir ja keine schlüsselfertige Anlage anbieten. Wir haben einen einfachen Verkaufsvertrag mit (6) *Festpreis* für die Lieferung von Spezialausrüstungen, während der Kunde für die Beschaffung der Standardteile selber sorgt. Das erspart uns die ganzen arbeits- und steuerrechtlichen Probleme, mit denen wir uns in anderen Ländern herumschlagen müssen.
Herr Lange:	Sie haben gut reden. Für Sie als Kaufmann ist das einfach, aber für mich als Techniker sieht das anders aus. Letzten Endes muß die ganze Anlage nachher laufen. Wenn bei der Beschaffung der Standardteile etwas nicht (7) *klappt*, muß ich zusehen, wie ich die fehlenden Teile herbeibringe!
Herr Koch:	An sich ist das Sache des Kunden ...
Herr Lange:	Und was macht der Kunde, wenn er die Teile in Singapur nicht bekommt? Er versucht, sie in Japan zu kaufen. Und jetzt (8) *ziehen* plötzlich *die Preise an* um zwanzig bis dreißig Prozent, und die Lieferzeiten sind doppelt so lang wie unsere, und wir stehen mittlerweile auf der Baustelle und (9) *drehen die Daumen:* Das ist doch die Realität, Herr Koch!
Herr Koch:	Sicher, so gesehen haben Sie natürlich recht. Dann müssen wir eben die fehlenden Teile nachliefern, und (10) *der Schwarze Peter ist* wieder *bei mir.*
Herr Lange:	Genau. Dann müssen Sie versuchen, das Geld für diese Teile zu bekommen, die im Vertrag nicht abgedeckt sind.
Herr Koch:	Natürlich. Ich würde vorschlagen, daß Sie sich so lange nicht mit dem Projekt Singapur belasten, bis ich die Rolle unseres taiwanesischen Kunden in diesem (11) *Vorhaben* geklärt habe.
Herr Lange:	Gut. Gehen wir zum nächsten Punkt über. Vielleicht sollten wir unsere Akquisitionstätigkeit in Ostasien in nächster Zeit mehr auf die Philippinen und Indonesien konzentrieren, was meinen Sie?
Herr Koch:	Auf den Philippinen haben unsere Konkurrenten mehrere Aufträge bekommen, da (12) *ist der Zug schon abgefahren.* Indonesien, ja, da sollten wir versuchen, (13) *Fuß zu fassen.*
Herr Lange:	Nicht wahr? Es gibt zwar schon eine kleine Textilindustrie, aber Expansionsmöglichkeiten sind zweifellos vorhanden.

40

Herr Koch:	Ja. Aber wenn wir dort ins Geschäft kommen wollen, müssen wir zunächst einmal zusehen, daß wir eine (14) *vernünftige* Vertretung in Jakarta bekommen.
Herr Lange:	Herr Meyer hat mich neulich schon daraufhin angesprochen. Er empfiehlt uns einen Herrn De Jong, der früher eine Vertretung in Hongkong hatte ...
Herr Koch:	Das wäre keine gute Lösung für uns, Herr Lange.
Herr Lange:	Warum?
Herr Koch:	Herr De Jong hat weder die erforderlichen Kenntnisse noch die Verbindungen, um an indonesische Firmen heranzukommen, (15) *beziehungsweise* an die Chefs dieser Firmen, die letzten Endes darüber entscheiden, ob ihre Textilfabrikation erweitert werden soll.
Herr Lange:	Ja, wir brauchen natürlich einen Mann, der die Textilindustrie genau kennt ...
Herr Koch:	... und, was sehr wichtig ist, wir brauchen einen (16) *einheimischen* Vertreter. Mit einem Ausländer (17) *ist uns nicht gedient*.
Herr Lange:	Meinen Sie? Und wenn wir unter den (18) *Auslands-Chinesen* einen geeigneten Mann fänden?
Herr Koch:	Das ginge auch. Der Mann müßte jedenfalls seit Jahren im Land (19) *ansässig* sein, dort bekannt sein und beste Verbindungen haben. Die Vertretung darf auch auf keinen Fall eine große Firma sein, die schon viele deutsche (20) *Hersteller* vertritt und sich deshalb nicht richtig um unser Textilgeschäft kümmert.
Herr Lange:	Genau. Der Vertreter kann von mir aus ganz einseitig auf die Textilindustrie des Landes ausgerichtet sein. Aber wie finden wir so einen Mann? Meinen Sie, daß zum Beispiel die (21) *Deutsch-Ostasiatische Gesellschaft* sich mit Indonesien befaßt, oder liegt das geographisch schon außerhalb ihrer Interessen?
Herr Koch:	Das nehme ich nicht an, aber ich könnte mir vorstellen, daß der Handelsattaché der indonesischen Botschaft in Bonn uns mehr über mögliche Kontakte in diesem Land sagen kann.
Herr Lange:	Oder wie wäre es mit dem umgekehrten Weg?
Herr Koch:	Sie meinen, wenn wir uns beim deutschen Handelsattaché in Jakarta informieren würden?

Herr Lange:	Ja!
Herr Koch:	Wir können beides probieren. Und wir können uns vor allem bei befreundeten deutschen Firmen (22) *erkundigen,* die in Indonesien tätig sind.
Herr Lange:	Natürlich! Die ganzen Baumwollmaschinenhersteller zum Beispiel!
Herr Koch:	Genau. Firmen, die auf ähnlichen Gebieten gute Geschäfte machen und schon seit Jahren in Indonesien (23) *etabliert* sind.
Herr Lange:	Sie kennen doch Herrn Kohlmann von der Unitex — könnten Sie den nicht mal fragen?
Herr Koch:	Ja, sicher. Ich werde systematisch Informationen aus allen möglichen Quellen sammeln. Natürlich rede ich auch einmal mit unserer Hausbank.
Herr Lange:	Gut. Und wenn Sie alle Informationen beisammen haben, dann reisen wir zusammen nach Indonesien, schauen uns die Leute an und suchen den besten Mann aus.
Herr Koch:	Einverstanden. Und die beste (24) *indonesische Reistafel* suchen wir uns auch aus!

(3 Gongschläge)

3 G Glossar

1 Taiwan wird als Exportmarkt ausfallen	nach Taiwan wird man nicht mehr exportieren können
2 der Markt ist übersättigt	der Markt kann nichts mehr aufnehmen
3 das Länderrisiko	eines der vielen kaufmännischen Risiken; es verringert sich dann, wenn die Geschäftstätigkeit einer Firma nicht auf ein Land – oder wenige Länder – konzentriert ist
4 wir verfolgen dieses Projekt	wir arbeiten an diesem Projekt; wir kümmern uns um dieses Projekt
5 darauf dringen, daß ...	darauf bestehen, daß ...
6 der Festpreis	Preis, der laut Vertrag nicht revidiert werden kann
7 wenn etwas nicht klappt ... (nachlässige Umgangssprache)	wenn etwas nicht in der gewünschten oder geplanten Weise geschieht, wenn etwas „dazwischenkommt"
8 die Preise ziehen an	die Preise steigen
9 wir drehen die Daumen (nachlässige Umgangssprache)	wir müssen abwarten, die Situation zwingt uns zur Untätigkeit
10 der Schwarze Peter ist bei uns (Umgangssprache)	der Ausdruck kommt aus einem Kartenspiel, bei dem derjenige Spieler verliert, der die Karte gleichen Namens bekommt und behält, das heißt nicht wieder an andere Spieler abgeben kann
11 das Vorhaben	das Projekt
12 da ist der Zug schon abgefahren (Umgangssprache)	da ist nichts mehr zu machen, da haben wir keine Chancen mehr
13 da sollten wir versuchen, Fuß zu fassen	wir sollten uns bemühen, dort ins Geschäft zu kommen
14 eine vernünftige Vertretung	das Wort „vernünftig" wird umgangssprachlich oft im Sinne von „gut" verwendet

15 beziehungsweise oder (vielmehr)

16 ein einheimischer ein Vertreter aus dem betreffenden Land
   Vertreter

17 mit einem Ausländer ein Ausländer bringt uns unserem Ziel nicht näher
   ist uns nicht gedient

18 ein Auslands-Chinese in Indonesien leben mehrere Millionen Chinesen;
   sie stellen dort die größte Fremdgruppe dar

19 der Mann muß in die- der Mann muß in diesem Land seinen ständigen
   sem Land ansässig sein Wohnsitz haben

20 der Hersteller der Fabrikant, der Produzent

21 die Deutsch-Ostasiati- Vereinigung zur Förderung der Beziehungen zwi-
   sche Gesellschaft schen der Bundesrepublik Deutschland und den
   Ländern Ostasiens

22 wir erkundigen uns wir informieren uns bei deutschen Firmen
   bei deutschen Firmen

23 die Firmen sind dort die Firmen haben dort schon Fuß gefaßt, sind dort
   schon etabliert schon gut eingeführt
   (Fremdwort)

24 die indonesische indonesisches Gericht, das als gastronomische Spezi-
   Reistafel alität international bekannt geworden ist

3 H Ergänzungsübung

SCHREIBEN Sie die fehlenden Wörter in die Lücken. Den Schlüssel zu dieser Übung finden Sie unter 3 I.

1. Was Ostasien be . . . . . . , so wird Taiwan wahrscheinlich . . . Jahre hinaus
. . . Abnehmerland . . . . . llen, da der Markt aufgrund der großen
In . . . . in letzter Zeit über . . . . ist.

2. In Indonesien sind Expansionsmöglichkeiten vor . . . . . . , und Euro-Engineering wird versuchen, über einen ge . . . . Vertreter dort . . . Geschäft zu . . . .

3. Der Kandidat hat . . . . . die er . . . . Kenntnisse noch die
. . . bindungen, um an die Firmenchefs . . . . . zukommen, die da . . . . .
entscheiden, . . ihre Fabrikation . . weitert werden soll.

4. Wir suchen einen ein . . . . en und . . . . Jahren im Land an . . . .
Vertreter, der keine anderen deutschen . . . steller ver . . . . . und sich somit
intensiv . . unser Geschäft k . . . . . . kann.

5. Im Fall Singapur liefern wir die Spezialaus . . . . , während der Kunde
. . . die Besch . . . . . . der Standardteile selber . . . . . , was uns viele arbeits-
und steuer . . . . Probleme . . spart.

6. Herr Koch wird system . . . . . . Informationen . . . allen möglichen
. . . . sammeln und . . . . insbesondere . . . befreund . . . . deutschen
Firmen er . . . .

7. Wenn die Herren alle Informationen bei . . . . . . haben, reisen sie zusammen . . . . Indonesien, schauen . . . . die Kandidaten . . und suchen den
besten Mann . . . .

1. betrifft – auf – als – ausfallen – Investitionen – übersättigt
2. vorhanden – geeigneten – ins – kommen
3. weder – erforderlichen – Verbindungen – heranzukommen – darüber – ob – erweitert
4. einheimischen – seit – ansässigen – Hersteller – vertritt – um – kümmern
5. Spezialausrüstungen – für – Beschaffung – sorgt – steuerrechtliche – erspart
6. systematisch – aus – Quellen – sich – bei – befreundeten – erkundigen
7. beisammen – nach – sich – an – aus

3 | Schlüssel zur Ergänzungsübung

4 A Vier-Phasen-Übungen (Tonband)

SPRECHEN Sie, wie es Ihnen Ihre Tonbandlehrer zu Beginn jeder Übung vor-
machen. Das geht z. B. so vor sich:

1. Lehrer: Haben Sie den Plan schon aufgestellt?
2. Lehrer: Ich bin gerade dabei, ihn aufzustellen.

Ein solches Beispiel zeigt Ihnen, wie Sie reagieren sollen, wenn Ihnen ähnliche
Sprechanreize gegeben werden, etwa so:

Lehrer: Haben Sie die Vertretung schon aufgebaut?

Schüler: Ich bin gerade dabei, sie aufzubauen.

Lehrer: Ich bin gerade dabei, sie aufzubauen.

Schüler: Ich bin gerade dabei, sie aufzubauen.

Sie versuchen also immer, auf den Sprechanreiz, den „Stimulus", richtig zu reagieren. Falls Sie einen Fehler machen: Ihre Tonbandlehrer geben Ihnen anschließend die Modellantwort. Wiederholen Sie immer diese Modellantwort.
Mehrmaliges Durcharbeiten der Drills erhöht den Lernerfolg.

4 B Vier-Phasen-Übungen

LESEN Sie diese Texte erst nach der Arbeit mit dem Tonband.

„Ich bin gerade dabei, ihn aufzustellen" (1)

Beispiel:
Haben Sie den Plan schon aufgestellt?
– Ich bin gerade dabei, ihn aufzustellen.

Jetzt sind Sie an der Reihe!
Haben Sie den Plan schon aufgestellt?
– Ich bin gerade dabei, ihn aufzustellen.

Haben Sie die Vertretung schon aufgebaut?
– Ich bin gerade dabei, sie aufzubauen.

Haben Sie den Auftrag schon abgewickelt?
– Ich bin gerade dabei, ihn abzuwickeln.

Haben Sie die Teile schon nachgeliefert?
– Ich bin gerade dabei, sie nachzuliefern.

Haben Sie das Baumaterial schon ausgesucht?
– Ich bin gerade dabei, es auszusuchen.

Haben Sie den Vorvertrag schon abgeschlossen?
– Ich bin gerade dabei, ihn abzuschließen.

Haben Sie das Verfahren schon eingesetzt?
– Ich bin gerade dabei, es einzusetzen.

„Entweder stellen wir sie her, oder wir lassen sie durch unsere Tochtergesellschaft herstellen" (2)

Beispiel:
Wer stellt die Ausrüstung her?
– Entweder stellen wir sie her, oder wir lassen sie durch unsere Tochtergesellschaft herstellen.

Jetzt sind Sie an der Reihe!
Wer stellt die Ausrüstung her?

48

— Entweder stellen <u>wir</u> sie her, oder wir lassen sie durch unsere Tochtergesellschaft herstellen.

Wer stellt den Vertreter ein?
— Entweder stellen <u>wir</u> ihn ein, oder wir lassen ihn durch unsere Tochtergesellschaft einstellen.

Wer bietet die Anlage an?
— Entweder bieten <u>wir</u> sie an, oder wir lassen sie durch unsere Tochtergesellschaft anbieten.

Wer deckt das Risiko ab?
— Entweder decken <u>wir</u> es ab, oder wir lassen es durch unsere Tochtergesellschaft abdecken.

Wer wählt die Lieferanten aus?
— Entweder wählen <u>wir</u> sie aus, oder wir lassen sie durch unsere Tochtergesellschaft auswählen.

Wer baut die Spezialteile ein?
— Entweder bauen <u>wir</u> sie ein, oder wir lassen sie durch unsere Tochtergesellschaft einbauen.

Wer führt den Import durch?
— Entweder führen <u>wir</u> ihn durch, oder wir lassen ihn durch unsere Tochtergesellschaft durchführen.

„Wir lösen die technischen Probleme, während der Vertreter die kaufmännischen Fragen klärt" (3)

Beispiel:
Die Lösung der technischen Probleme ist unsere Sache, aber die Klärung der kaufmännischen Fragen ist Sache des Vertreters.
— Wir lösen die technischen Probleme, während der Vertreter die kaufmännischen Fragen klärt.

Jetzt sind Sie an der Reihe!

Die Lösung der technischen Probleme ist unsere Sache, aber die Klärung der kaufmännischen Fragen ist Sache des Vertreters.
— Wir lösen die technischen Probleme, während der Vertreter die kaufmännischen Fragen klärt.

Die Lieferung der Spezialteile ist unsere Sache, aber die Beschaffung der Standardteile ist Sache des Kunden.
— Wir liefern die Spezialteile, während der Kunde die Standardteile beschafft.

Die Produktion der Garne ist unsere Sache, aber die Herstellung der Stoffe ist Sache der Tochtergesellschaft.
— Wir produzieren die Garne, während die Tochtergesellschaft die Stoffe herstellt.

Der Abschluß der Verträge ist unsere Sache, aber das Sammeln der Informationen ist Sache der Vertretung.
— Wir schließen die Verträge ab, während die Vertretung die Informationen sammelt.

Der Bau der Anlagen ist unsere Sache, aber die Aufstellung der Pläne ist Sache der Projektabteilung.
— Wir bauen die Anlagen, während die Projektabteilung die Pläne aufstellt.

Die Einstellung des Personals ist unsere Sache, aber die Einholung der Arbeitsgenehmigungen ist Sache der Vertretung.
— Wir stellen das Personal ein, während die Vertretung die Arbeitsgenehmigungen einholt.

„Leider hat dieser Ingenieur weder die Kenntnisse noch die Verbindungen, die wir brauchen" (4)

Beispiel:
Was halten Sie von den Kenntnissen und Verbindungen dieses Ingenieurs?
— Leider hat dieser Ingenieur weder die Kenntnisse noch die Verbindungen, die wir brauchen.

Jetzt sind Sie an der Reihe!

Was halten Sie von den Kenntnissen und Verbindungen dieses Ingenieurs?
— Leider hat dieser Ingenieur weder die Kenntnisse noch die Verbindungen, die wir brauchen.

Was halten Sie von den Maschinen und Werkstätten dieser Firma?
— Leider hat diese Firma weder die Maschinen noch die Werkstätten, die wir brauchen.

Was halten Sie von den Plänen und Ideen dieses Mannes?
— Leider hat dieser Mann weder die Pläne noch die Ideen, die wir brauchen.

Was halten Sie von den Anlagen und Produkten dieser Gesellschaft?
— Leider hat diese Gesellschaft weder die Anlagen noch die Produkte, die wir
brauchen.

Was halten Sie von den Informationen und Kontakten dieses Vertreters?
— Leider hat dieser Vertreter weder die Informationen noch die Kontakte, die
wir brauchen.

Was halten Sie von den Ausrüstungen und Verfahren dieses Lieferanten?
— Leider hat dieser Lieferant weder die Ausrüstungen noch die Verfahren, die
wir brauchen.

Was halten Sie von den Technikern und Kaufleuten dieser Abteilung?
— Leider hat diese Abteilung weder die Techniker noch die Kaufleute, die wir
brauchen.

„Ich werde Herrn Koch fragen, ob er die Genehmigung eingeholt hat" (5)

Beispiel:
Herr Koch wollte doch die Genehmigung einholen . . .
— Ich werde Herrn Koch fragen, ob er die Genehmigung eingeholt hat.

Jetzt sind Sie an der Reihe!

Herr Koch wollte doch die Genehmigung einholen . . .
— Ich werde Herrn Koch fragen, ob er die Genehmigung eingeholt hat.

Herr Lange wollte doch einen Termin vorschlagen . . .
— Ich werde Herrn Lange fragen, ob er einen Termin vorgeschlagen hat.

Unser Vertreter wollte doch eine Versicherung abschließen . . .
— Ich werde unseren Vertreter fragen, ob er eine Versicherung abgeschlossen
hat.

Der finnische Lieferant wollte doch einen Terminplan aufstellen . . .
— Ich werde den finnischen Lieferanten fragen, ob er einen Terminplan aufgestellt hat.

Herr Kohlmann wollte doch den brasilianischen Handelsattaché ansprechen ...
— Ich werde Herrn Kohlmann fragen, ob er den brasilianischen Handelsattaché
angesprochen hat.

Der technische Direktor wollte doch einen Textilspezialisten einstellen . . .
— Ich werde den technischen Direktor fragen, ob er einen Textilspezialisten
eingestellt hat.

Die Personalabteilung wollte doch einen geeigneten Mann aussuchen ...
– Ich werde die Personalabteilung fragen, ob sie einen geeigneten Mann ausgesucht hat.

„Es geht um einen Vergleich zwischen seinem Angebot und dem der Konkurrenz" (6)

Beispiel:
Sein Angebot soll mit dem Angebot der Konkurrenz verglichen werden.
– Es geht um einen Vergleich zwischen seinem Angebot und dem der Konkurrenz.

Jetzt sind Sie an der Reihe!

Sein Angebot soll mit dem Angebot der Konkurrenz verglichen werden.
– Es geht um einen Vergleich zwischen seinem Angebot und dem der Konkurrenz.

Unsere Preise sollen mit den Preisen der Konkurrenz verglichen werden.
– Es geht um einen Vergleich zwischen unseren Preisen und denen der Konkurrenz.

Ihr Verfahren soll mit dem Verfahren des englischen Lieferanten verglichen werden.
– Es geht um einen Vergleich zwischen ihrem Verfahren und dem des englischen Lieferanten.

Meine Kenntnisse sollen mit den Kenntnissen anderer Spezialisten verglichen werden.
– Es geht um einen Vergleich zwischen meinen Kenntnissen und denen anderer Spezialisten.

Die Bedingungen des Angebots sollen mit den Bedingungen des Vertrags verglichen werden.
– Es geht um einen Vergleich zwischen den Bedingungen des Angebots und denen des Vertrags.

Die Risiken des Westgeschäfts sollen mit den Risiken des Ostgeschäfts verglichen werden.
– Es geht um einen Vergleich zwischen den Risiken des Westgeschäfts und denen des Ostgeschäfts.

Das Projekt des indonesischen Kunden soll mit dem Projekt seines chinesischen Partners verglichen werden.

— Es geht um einen Vergleich zwischen dem Projekt des indonesischen Kunden und dem seines chinesischen Partners.

„Ja, unsere Geschäftsaussichten wären besser, wenn wir eine Devisengenehmigung bekommen würden" (7)

Beispiel:
Wir müßten eine Devisengenehmigung bekommen!
— Ja, unsere Geschäftsaussichten wären besser, wenn wir eine Devisengenehmigung bekommen würden.

Jetzt sind Sie an der Reihe!
Wir müßten eine Devisengenehmigung bekommen!
— Ja, unsere Geschäftsaussichten wären besser, wenn wir eine Devisengenehmigung bekommen würden.

Wir müßten eine einfachere technische Lösung finden!
— Ja, unsere Geschäftsaussichten wären besser, wenn wir eine einfachere technische Lösung finden würden.

Wir müßten größere Kreditzusagen haben!
— Ja, unsere Geschäftsaussichten wären besser, wenn wir größere Kreditzusagen hätten.

Wir müßten Barzahlungsbedingungen vereinbaren können!
— Ja, unsere Geschäftsaussichten wären besser, wenn wir Barzahlungsbedingungen vereinbaren könnten.

Achtung, jetzt kommt eine kleine Änderung!
Beispiel:
Der Vertrag müßte in Kraft treten!
— Ja, unsere Geschäftsaussichten wären besser, wenn der Vertrag in Kraft treten würde.

Jetzt sind Sie wieder an der Reihe!
Der Vertrag müßte in Kraft treten!
— Ja, unsere Geschäftsaussichten wären besser, wenn der Vertrag in Kraft treten würde.

Die Finanzierungszusagen müßten über fünf Jahre hinausgehen!
— Ja, unsere Geschäftsaussichten wären besser, wenn die Finanzierungszusagen über fünf Jahre hinausgehen würden.

4 C Fragen und Antworten (Tonband)

HÖREN Sie sich die Fragen an. SPRECHEN Sie in den Pausen, d.h. beantworten Sie die Fragen nach bestem Vermögen. Wiederholen Sie jeweils die anschließende Modellantwort des Sprechers. Auf dem Tonband folgen diese Fragen und Antworten den Vier-Phasen-Übungen 4 B.

4 D Fragen

LESEN Sie die Fragen. SCHREIBEN Sie Ihre Antworten auf. Die Modellantworten zum Vergleich finden Sie unter 4 E.

1. Warum soll zu der nächsten Besprechung in Finnland ein Kaufmann mitfahren?

2. Herr Koch ist der Ansicht, daß für Kreditzusagen an die Finnen eine bestimmte Genehmigung benötigt wird. Welche Genehmigung meint er?

3. Welche positiven Aspekte gibt es im Ostgeschäft?

4. Was ist das größte Problem im Ostgeschäft?

5. Wen will Herr Koch in Bonn ansprechen, um sich über Geschäftsmöglichkeiten in Afrika zu informieren?

6. Die Verkaufsanstrengungen in Brasilien sollen verstärkt werden. Wie will man das machen?

7. Hat die Tochtergesellschaft genug Personal für die Durchführung dieser Aufgabe?

8. Wie könnte die Tochtergesellschaft ohne Neueinstellungen personell verstärkt werden?

9. Welche Forderungen werden an die Qualität der in den Anlagen von Euro-Engineering erzeugten Produkte gestellt?

10. Worin liegt das Problem bei dem Projekt für die Firma Brasiltex?

11. Warum wird Taiwan wahrscheinlich für einen längeren Zeitraum als Exportmarkt ausfallen?

12. Warum ist es so schwierig, in Singapur eine Anlage zu bauen?

13. Wie sind die Geschäftsaussichten für Euro-Engineering auf den Philippinen?

14. Der für Indonesien gesuchte Vertreter muß natürlich die Textilindustrie genau kennen. Welche anderen Bedingungen soll er erfüllen?

15. Bei der Suche nach dem geeigneten indonesischen Vertreter könnten die Handelsattachés in Bonn und Jakarta helfen. Welche anderen Stellen kämen für eine solche Hilfe in Frage?

1. Weil vertragliche Bedingungen zur Sprache kommen werden.
2. Eine Genehmigung des Vorstandes seiner Firma.
3. Einfache Finanzierung und Vertragstreue der Ostblockpartner.
4. Das größte Problem ist, überhaupt einen Auftrag zu bekommen.
5. Die Handelsattachés verschiedener Botschaften.
6. Durch vermehrten Einsatz der brasilianischen Tochtergesellschaft.
7. Nein, sie muß personell verstärkt werden.
8. Man könnte einen oder zwei Ingenieure von Frankfurt für eine gewisse Zeit nach Brasilien schicken.
9. Die Qualität dieser Produkte muß dem heutigen Weltstandard entsprechen.
10. Diese Firma wünscht eine zehnjährige Finanzierung, während Euro-Engineering normalerweise nicht über fünf Jahre hinausgehen kann.
11. Weil der dortige Markt nach großen Investitionen übersättigt ist.
12. Weil die technischen Möglichkeiten gering sind. Es gibt dort zum Beispiel keine einzige Schraubenfabrik.
13. Schlecht. Dort hat die Konkurrenz Fuß gefaßt.
14. Er soll seit Jahren im Land ansässig sein, dort bekannt sein und beste Verbindungen haben.
15. Befreundete deutsche Firmen, die schon lange in Indonesien etabliert sind.

4 F Audio-Test (Tonband und Buch)

HÖREN Sie sich die Satzanfänge an, die Ihre Tonbandlehrer vorlesen, und
kreuzen Sie auf diesem Testbogen jeweils diejenigen Schlußfassungen der Sätze
an, die den Dialoginformationen entsprechen. Auf dem Tonband folgt dieser
Audio-Test den Modellantworten 4 E. Den Schlüssel zu diesem Test finden Sie
unter 4 G.

1		2		3	
mit einer Ver-doppelung der Lieferzeiten zu rechnen	O	einen Vergleich zwischen den An-geboten von Euro-Engineering und denen der Kon-kurrenz	O	die Kontakte mit der finni-schen Botschaft	O
kaum mit weite-ren Aufträgen zu rechnen	O	den Einbau eines Computers, der die ganze Produk-tion steuert	O	den Verkaufs-vertrag	O
mit einer Erwei-terung der Textil-produktion zu rechnen	O	eine Finanzierung des Projekts über fünfzehn Jahre	O	Akquisitionstä-tigkeit in Ost-blockländern	O
mit verstärkter japanischer Kon-kurrenz zu rechnen	O	die derzeitigen Schwierigkeiten bei der Beschaf-fung von Stan-dardteilen	O	Kreditzusagen	O

4		5		6	
Kreditzusagen macht	○	sind für Euro-Engineering geschäftlich besonders interessant	○	in unterentwickelten Ländern oft technische Probleme auftreten	○
eine einfache Anlage mit minimaler Ausstattung anbietet	○	sind technisch nicht realisierbar	○	oft die notwendigen Aufträge fehlen	○
über ihre Handelsmissionen ansprechen läßt	○	kommen nur für Großfirmen in Frage	○	die Spezialausrüstungen zu teuer sind	○
nur Spezialausrüstungen anbietet	○	müssen immer langfristig finanziert werden	○	meistens verschiedene Märkte zu beliefern sind	○

7		8		9	
Verbindungen	O	es zu Interessenkonflikten kommt	O	nicht auf ein Land — oder wenige Länder — konzentriert ist	O
finanziellen Mittel	O	sie sich nicht richtig um das Geschäft von Euro-Engineering kümmert	O	relativ gering ist	O
Sprachkenntnisse	O	sie große arbeits- und steuerrechtliche Probleme hat	O	relativ groß ist	O
Genehmigungen	O	ihre Personalkosten zu hoch werden	O	von den Behörden der verschiedenen Länder genehmigt wird	O

1. Was den Inlandsmarkt betrifft, so ist im Augenblick ... (kaum mit weiteren Aufträgen zu rechnen).

2. Bei dem Gespräch mit dem finnischen Interessenten ging es um ... (einen Vergleich zwischen den Angeboten von Euro-Engineering und denen der Konkurrenz).

3. Im Zusammenhang mit dem Finnlandprojekt wurde von einer Vorstandsgenehmigung gesprochen. Diese Genehmigung wird benötigt für ... (Kreditzusagen).

4. Die japanische Konkurrenz geht meistens so vor, daß sie den Interessenten zunächst ... (eine einfache Anlage mit minimaler Ausstattung anbietet).

5. Textilanlagen, in denen die gesamte Produktion von Computern gesteuert wird, ... (kommen nur für Großfirmen in Frage).

6. Die Anlagen der Kunden von Euro-Engineering müssen sehr flexibel arbeiten, weil ... (meistens verschiedene Märkte zu beliefern sind).

7. Herr De Jong ist als Vertreter für Indonesien ungeeignet. Er kennt die Textilindustrie nicht gut genug und er besitzt nicht die erforderlichen ... (Verbindungen).

8. Eine Firma, die schon viele andere deutsche Firmen vertritt, kommt als Vertretung in Jakarta nicht in Frage. Man müßte nämlich bei einer solchen Firma damit rechnen, daß ... (sie sich nicht richtig um das Geschäft von Euro-Engineering kümmert).

9. Das Länderrisiko ist im wesentlichen ein politisches Risiko. Es verringert sich dann, wenn die Geschäftstätigkeit einer Firma ... (nicht auf ein Land — oder wenige Länder — konzentriert ist).

4 G Schlüssel zum Audio-Test

4 H Zusammenfassung (Tonband)

HÖREN Sie sich die folgende Zusammenfassung der Dialoge 1 A, 2 A, 3 A an, und machen Sie sich dabei kurze Notizen wie bei einer Besprechung oder einem Kurzreferat. Versuchen Sie dann, anhand der Notizen den Inhalt der Zusammenfassung zu rekonstruieren.

SCHREIBEN Sie anschließend den Text nach Diktat vom Tonband, und korrigieren Sie schließlich etwaige Fehler durch Vergleichen mit 4 I.

4 I Zusammenfassung (Text)

Da zur Zeit kaum mit weiteren Aufträgen aus dem Inland gerechnet werden kann, muß die Abteilung Textiltechnik versuchen, auf verschiedenen Auslandsmärkten zu neuen Abschlüssen zu kommen. Die geschäftliche Situation außerhalb der Bundesrepublik kann wie folgt zusammengefaßt werden:

Europa: Interessantes Projekt in Turku (Finnland). Technische Gespräche haben bereits stattgefunden. In einer weiteren für Oktober geplanten Besprechung wird auch über kaufmännische Fragen verhandelt.

Ostblock: Mehrere Projekte in verschiedenen COMECON-Ländern. Sehr starke Konkurrenz, hauptsächlich von japanischer Seite.

Indien: Wenig ermutigende Situation. Ein vor zwei Jahren bereits abgeschlossener Vertrag ist wegen fehlender behördlicher Genehmigungen immer noch nicht in Kraft getreten. Die Akquisition wird fortgesetzt.

Schwarzafrika: Es wird ein Plan aufgestellt, um über verschiedene Handelsmissionen Kontakte mit Behörden in bevölkerungsstarken Ländern herzustellen. Geplant ist ferner der Aufbau einzelner Vertretungen.

Südamerika: Mit dem Auftrag für die Erweiterung der 1970 gebauten Textilanlage ist in Kürze zu rechnen. In Brasilien sollen die Verkaufsanstrengungen durch vermehrten Einsatz der dortigen Tochtergesellschaft verstärkt werden.

Ostasien: In Taiwan ist der Markt nach großen Investitionen zur Zeit gesättigt. Das Singapur-Projekt wird erst dann weiter bearbeitet, wenn die Beteiligung des Herrn Tungming an dem Projekt und sein Einfluß auf die Wahl des Lieferanten geklärt sind. Auf den Philippinen bestehen zur Zeit keine Geschäftsaussichten. Eine besondere Aktion verfolgt das Ziel, auf dem indonesischen Markt Fuß zu fassen. Als erster Schritt ist die Einrichtung einer Vertretung in Jakarta geplant. Ein geeigneter Vertreter soll mit Hilfe von diplomatischen und geschäftlichen Kontakten gesucht werden.

4 J Arbeitstexte

LESEN Sie diese Texte. Schlagen Sie unbekannte Wörter möglichst in einem einsprachigen Lexikon nach.

Auszüge aus einem Schulungsvortrag für Ingenieure der Firma Euro-Engineering zum Thema „Vertragsgestaltung".

Schon oft habe ich aus dem Munde eines Technikers die scherzhafte Behauptung gehört, das Leben wäre leichter, wenn es keine Kaufleute und Juristen gäbe. Bei objektiver Betrachtung muß man aber erkennen, daß bei der Abwicklung unserer Geschäfte alle drei Elemente, nämlich das kaufmännische, das juristische und das technische, gleiche Bedeutung haben. Dies gilt insbesondere für die Gestaltung eines Vertragstextes. Wir müssen uns immer darüber im klaren sein, daß der Vertrag die Grundlage des Geschäftes bildet und deshalb wesentlich dessen Erfolg oder Mißerfolg bestimmt. Der andere wesentliche Faktor für den Erfolg, mit dem wir uns heute nicht befassen wollen, ist die ordnungsgemäße Erfüllung des Vertrages, das heißt, die Abwicklung des Geschäftes im Sinne des Vertrages unter Beachtung unserer Geschäftsinteressen.

Es ist für den Techniker nicht unangebracht, über die Frage, warum man eigentlich einen komplizierten Vertrag schließt, nachzudenken, denn jeder, der erstmalig damit zu tun hat, stellt sich diese Frage. Nun, der Kunde kann den Kaufgegenstand — die Anlage — nicht bei Kaufabschluß besichtigen und prüfen. Man muß deshalb in einem schriftlichen Dokument den Kaufgegenstand nach Umfang und Eigenschaften sorgfältig definieren. Darüber hinaus ist die Abwicklung eines Auftrags für eine Industrieanlage ein so komplizierter Vorgang, daß man auch die damit verbundenen Dienstleistungen schriftlich niederlegen muß, um spätere Differenzen in der Auffassung zu vermeiden. Ein weiterer Grund ist die Höhe der Kaufsumme. Sie ist sowohl für den Käufer als auch für den Verkäufer ein Maßstab für die Höhe des Risikos, das er beim Kaufabschluß eingeht. Auch wenn es um eine verhältnismäßig geringe Summe geht, wie z. B. bei einem Ingenieurauftrag, muß das Risiko durch eine schriftliche Abmachung abgegrenzt und der Einfluß unvorhersehbarer Ereignisse ausgeschaltet werden, denn eine unbegrenzte gesetzliche Haftung für die gesamte Anlage kann katastrophale Folgen haben. Die lange Laufzeit des Geschäftes und der damit verbundenen Zahlungen verlangt ebenfalls eine schriftliche Festlegung der gegenseitigen finanziellen Verpflichtungen. Nimmt man das alles zusammen, so ergibt sich ein umfangreiches Dokument, das man einen Vertrag nennt, in dem das kaufmännische, das juristische und das technische Element vertreten sind. Man sieht leicht ein, daß ein Handschlag, wie beim Pferdekauf, einen solchen Vertrag nicht ersetzen kann.

Nun wollen wir uns mit dem technischen Inhalt eines Vertrages etwas näher befassen. Er besteht aus folgenden wesentlichen Teilen:

1. Definition der technischen Eigenschaften der Anlage und der Anlagengrenze
2. Definition des Lieferumfanges
3. Definition des Umfanges der Dienstleistungen
4. Liefertermine
5. Garantien

Definition der technischen Eigenschaften der Anlage und der Anlagengrenzen

In der Regel wird die Anlage in einer separaten Beilage zum Vertrag möglichst genau beschrieben. Zweck dieser Beschreibung ist, eine übereinstimmende Auffassung von Käufer und Verkäufer über die technische Ausstattung sowie die verfahrenstechnische und mechanische Beschaffenheit der Anlage sicherzustellen. Man muß immer voraussetzen, daß die beiden Vertragspartner die Beschreibung von entgegengesetzten Standpunkten betrachten. So ist der Käufer hauptsächlich daran interessiert, daß die von ihm geforderten Leistungskennzahlen, Produktspezifikationen, Automationsgrad, Grenzen der Umweltverschmutzung usw. schriftlich niedergelegt sind. Darüber hinaus ist der Käufer bestrebt, dem Verkäufer eine möglichst weitgefaßte Verpflichtung für die denkbar beste Ausstattung der Anlage aufzuerlegen.

Der Verkäufer dagegen muß daran interessiert sein, daß die Grundlagen für seine Arbeit, d. h. Mengen und Beschaffenheit der vom Käufer zur Verfügung zu stellenden Rohstoffe und Hilfsmittel, Beschaffenheit der Baustelle, Klimaverhältnisse usw. genau definiert sind und seine Verpflichtungen exakt abgegrenzt sind. Er muß auch darauf achten, daß die Anlagenbeschreibung, besonders die darin genannten Kennzahlen und Betriebsdaten, so dargestellt werden, daß sie auf keinen Fall als Garantie interpretiert werden können. Garantiezahlen gehören in den eigentlichen Vertragstext oder in eine separate Beilage. Ein weiterer wichtiger Punkt ist die Festlegung, wo die Vertragsanlage verfahrenstechnisch beginnt und wo sie endet. Es ist z. B. ein großer Unterschied, ob ein Rohstoff im Tankwagen angeliefert wird oder in einer Rohrleitung an der Anlagengrenze zur Verfügung steht.

Definition des Lieferumfanges

Auch die Aufzählung des Lieferumfanges wird in der Regel in einer separaten Beilage zum Vertrag schriftlich festgelegt. Die Liste muß eindeutig und vollzählig sein, um spätere Meinungsverschiedenheiten zu vermeiden und den Faktor „Unvorhergesehenes" möglichst klein zu halten. In allen Fällen gibt es gewisse Lieferungen, die für eine funktionierende Anlage notwendig sind, aber nicht zum Lieferumfang des Verkäufers gehören. Dieser sogenannte Lieferausschluß muß ebenfalls sorgfältig aufgelistet werden, damit die Lieferverpflichtung des Verkäufers sauber abgegrenzt ist. Manche Kunden verlangen im Vertrag eine sogenannte Vollständigkeitsklausel; diese besagt, daß der Lieferumfang des Verkäufers zusammen mit dem Lieferumfang des Käufers eine komplette, funktionierende Anlage ergibt und daß alle etwa nicht aufgeführten Teile, die aber zum ordnungsgemäßen Betrieb der Anlage notwendig sind, vom Verkäufer kostenlos mitgeliefert werden. Eine solche Formulierung läßt immer die Frage offen: Was ist zum „ordnungsgemäßen" Betrieb notwendig? Ein tüchtiger Jurist kann den Verkäufer damit zwingen, alles, von der Erschließung des Baugeländes bis zum Bleistiftspitzer für das Betriebspersonal mitzuliefern. Eine Vollständigkeitsklausel geht immer einseitig zu Gunsten des Käufers und sollte deshalb aus unserer Sicht vermieden werden. Wenn sie aber akzeptiert werden mußte, ist es die Aufgabe des Projektleiters, darauf zu achten, daß sie in einem vernünftigen Rahmen erfüllt wird.

Definition des Umfanges der Dienstleistungen

Manche Käufer möchten sich um nichts kümmern und verlangen, daß der Verkäufer alle erforderlichen Dienstleistungen, z. B. auch das Einholen von Bau- und Betriebsgenehmigungen, übernimmt. Andere Käufer kümmern sich um alles und verlangen zusätzliche Zwischenberichte, Sonderabnahmen und Zusammenkünfte. Wir als Verkäufer müssen mit unseren Ingenieurstunden sparsam umgehen. Diese gegensätzlichen Standpunkte erfordern eine klare Definition der Dienstleistungen. In der Regel genügt es, wenn nur die Leistungen des Verkäufers aufgezählt werden und an geeigneter Stelle darauf hingewiesen wird, daß der Verkäufer keine weiteren Verpflichtungen in dieser Richtung hat. Es ist aber zweckmäßig, auch die ergänzenden Dienstleistungen des Käufers niederzuschreiben, denn es gibt unangenehme Diskussionen, wenn man den Käufer während der Abwicklung auf Arbeiten hinweisen muß, mit denen er nicht gerechnet hat.

Liefertermine

Schon vor Unterzeichnung des Vertrages muß sich ein Projektleiter über den zeitlichen Ablauf der Ingenieurarbeiten und der Lieferungen Gedanken machen. Dabei sollte er sich mit der Einkaufsabteilung und mit der Kalkulationsabteilung abstimmen, um deren Hinweise auf die zukünftige Entwicklung der Lieferzeiten berücksichtigen zu können. Die Termine sind sorgfältig festzulegen, weil sie meistens garantiert werden müssen und mit einer entsprechenden Haftung verbunden sind. Dabei sind besondere Umstände, wie z. B. die Zeit für die Übersetzung termingebundener Unterlagen in eine andere Sprache, zu berücksichtigen. Manche Käufer verlangen nicht nur einen garantierten Endtermin, sondern auch garantierte Zwischentermine für bestimmte Unterlagen und Lieferungen. Ein Punkt, der oft übersehen wird, ist eine besondere Festlegung des Liefertermins für Ersatzteile; diese müssen ja bei Beginn der Inbetriebsetzung verfügbar sein. Im Vertragstext muß darüber hinaus klar definiert sein, wann ein Termin als erfüllt angesehen wird und welches Dokument als Nachweis der Erfüllung gilt.

Garantien

Der Käufer verlangt mit Recht Garantien für die Anlage, denn das Produkt muß verkaufbar sein und die bei der Vorkalkulation des Produktpreises eingesetzten Unkosten dürfen nicht überschritten werden. Jede Garantie ist mit einer Haftung verbunden und stellt für den Verkäufer ein Risiko in Höhe der Haftungssumme dar. Wenn wir einmal garantierte Termine außer Acht lassen, gibt es drei Arten von Garantien:

1. Garantie für korrekte Ingenieurarbeit
2. Garantie für die Güte des Materials und für die fehlerfreie Beschaffenheit der Ausrüstung
3. Garantie für Produktbeschaffenheit, Ausbeute und Maximalverbrauch an Rohstoffen und Betriebsmitteln

Grundsätzlich sollte man nur solche Garantien geben, die man auch beeinflussen bzw. kontrollieren kann oder die durch Lizenzgeber oder Unterlieferanten abgedeckt sind. Garantien von Lizenzgebern oder Unterlieferanten, die man weitergibt, sind kritisch zu prüfen und hinreichend abzusichern, denn bei Schwierigkeiten mit der Anlage wird in erster Linie der Ruf unserer Firma geschädigt.

Es ist klar, daß der Käufer ein Maximum an Garantien wünscht, während der Verkäufer nur ein Minimum zugestehen will. Dabei wird der Wert einer Garantie durch die Höhe der Haftung, die dahinter steht, bestimmt. Deshalb muß beides im Zusammenhang gesehen werden, und es ist ein enges Zusammenwirken von Kaufmann, Jurist und Techniker erforderlich.

Bei einem Auftrag für eine schlüsselfertige Anlage ist **korrekte Ingenieurarbeit** unsere eigene Sache und Fehler kosten unser eigenes Geld. Bei Ingenieuraufträgen ist der Käufer auf richtige Ingenieurarbeit angewiesen und ist bestrebt, eine Haftung für alle aus unseren Fehlern resultierenden Kosten zu erreichen. Wir hingegen sind daran interessiert, unsere Haftung auf die kostenlose Korrektur der Ingenieurunterlagen zu beschränken. In der Praxis einigt man sich meistens auf einen Kompromiß.

Eine **Materialgarantie** kommt nur bei Lieferaufträgen in Betracht. Hier gibt es fast immer eine Diskussion mit dem Käufer über Beginn und Laufzeit der Materialgarantie.

Die Verfahrensgarantien sind besonders risikoreich und sind entsprechend sorgfältig zu formulieren. Hier hat der Techniker eine hohe Verantwortung, denn nur er kann das technische Risiko in allen Einzelheiten überblicken, und es ist deshalb seine Aufgabe, die Garantiezahlen und die Prozedur des Garantienachweises anzugeben. Die Zahlen müssen natürlich einen vernünftigen Sicherheitszuschlag enthalten. Der Ablauf des Garantietests sollte im Vertrag genau geregelt sein. Es muß angegeben werden, welche Werte mit welcher Genauigkeit und mit welchen Methoden gemessen werden sollen, was geschehen soll, wenn der Garantielauf unterbrochen werden muß und wie die Garantiezahl aus den gemessenen Werten errechnet wird. Das Ergebnis des Garantielaufs muß in einem von beiden Vertragspartnern unterzeichneten Protokoll festgehalten werden, weil es fast immer mit der Übergabe der Anlage und mit der letzten Zahlungsrate verbunden ist.

Vertriebsleiter

Diplom-Kaufmann

44 J., verantwortlich für 25 Mio Jahresumsatz — nationale und europäische Märkte —

sucht Aufgabe als Geschäftsführer Vertrieb im techn. Konsumgüterbereich.

Techn. Verständnis, markt- und profitorientiert, mit viel Energie und Dynamik, nachweisbar erfolgreich, belastbar, versiert in Konzipierung und Aufbau neuer Produkte und Märkte. Französisch (verhandlungssicher), Englisch. Fachgebiete: Konsumgüterindustrie (allgem. und techn.), Investitionsgüterindustrie, Kunststoff (Produktion und Weiterverarbeitung von Folien und armiertem PVC), Papier, Grundstoffchemie, Textil.

ZAV 12.30—37/154   6 Frankfurt 1, Feuerbachstr. 42

Geschäftsführer

47 J., nicht ortsgebunden oder branchenabhängig,

sucht neue Aufgabe in Industriebetrieb.

Nach Technikerausbildung und anfänglicher Tätigkeit als Textilingenieur langjähriger Assistent in zunächst technischen, dann zunehmend kaufmännischen Geschäftsleitungsbereichen. Fünf Jahre Alleingeschäftsführer in Textilbetrieb, zuletzt kaufmännischer Geschäftsführer in Innenausbaubetrieb. Weitgespannte Kenntnisse und reiche Erfahrungen in allen Bereichen der Geschäftsführung speziell mittlerer oder kleinerer Industriebetriebe. Bisheriges Einkommen 70 TDM p. a.

ZAV 12.20—37/44   6 Frankfurt 1, Feuerbachstr. 42

Geschäftsführer

51 J., verh., Wirtsch.-Abitur,

sucht leitende Stelle in einem Textilbetrieb oder in Verwaltung in Süddeutschland.

Große Erfahrung in den Bereichen Einkauf — Verkauf — Produktion, Betriebswirtschaft und Kalkulation, guter Organisator, erfolgreicher Verkaufsleiter.

ZAV 12.20—37/45   6 Frankfurt 1, Feuerbachstr. 42

67

Rüdiger Renner/Rudolf Sachs

Wirtschaftssprache Englisch/Deutsch · Deutsch/Englisch

Systematische Terminologie und alphabetisches Wörterbuch mit Übersetzungsübungen

3., völlig neu bearbeitete Auflage, 543 Seiten, Linson, Hueber-Nr. 6201

Schlüssel zu den Übersetzungsübungen, Hueber-Nr. 2.6201

Günther Haensch/Rüdiger Renner

Wirtschaftssprache Französisch/Deutsch · Deutsch/Französisch

Systematischer Wortschatz mit Übersetzungsübungen und alphabetischen Registern

4., völlig neu bearbeitete und erweiterte Auflage, 539 Seiten, Linson, Hueber-Nr. 6202

Günther Haensch/Francisco López Casero

Wirtschaftssprache Spanisch/Deutsch · Deutsch/Spanisch

Systematischer Wortschatz mit Übersetzungsübungen und alphabetischen Registern

2., völlig neu bearbeitete und erweiterte Auflage, 483 Seiten, Linson, Hueber-Nr. 6203

Nikolai Grischin/Günther Haensch/Rüdiger Renner

Wirtschaftssprache Russisch/Deutsch · Deutsch/Russisch

Systematischer Wortschatz mit Übersetzungsübungen und alphabetischem Wörterbuch

480 Seiten, Linson, Hueber-Nr. 6207

Jedem Sachkapitel mit dem entsprechenden Wortschatz und der Phraseologie schließen sich deutsch- und fremdsprachige Übersetzungsübungen an. Die Bände eignen sich für Studenten der Wirtschaftswissenschaft, Außenhandelskaufleute und Fachübersetzer.

 Max Hueber Verlag